WIR BESUCHEN
EINEN BAUERNHOF

Text: Alain Grée
Illustrationen: Gérard Grée

BOJE-VERLAG STUTTGART

Titel der Originalausgabe: LE LIVRE-JEUX DE LA FERME
© 1971 by Casterman, Paris
80 79 78 77 76   3 4 5 6 7

Deutschsprachige Rechte: Boje-Verlag, Stuttgart
ISBN 3 414 12750 4
Gedruckt in Belgien

DER JAHRESLAUF
AUF EINEM BAUERNHOF

Fast jeder von uns weiß, wie es auf einem Bauernhof zugeht. Besonders für Stadtkinder gibt es eine Menge Neues zu entdecken: Stall und Scheune, Tiere und Maschinen, Feld und Garten. Bald merken wir auch, daß es auf einem Hof eine Menge Arbeit gibt, von morgens bis abends, jahraus, jahrein. Obwohl das Getreide eigentlich allein wächst, muß vorher gepflügt, geeggt, gesät und später geerntet werden. Auch zwischendurch fehlt es nicht an Aufgaben. Der Kartoffelacker, der Obst- und Gemüsegarten, die Weinberge bedürfen der Pflege. Das Vieh muß versorgt werden. Und wißt ihr, was der Bauer im Winter macht, wenn die Felder schneebedeckt und hart von Frost sind? Machen wir zusammen ein Spiel, um es zu erfahren...

Auf der rechten Seite finden wir eine Übersicht über die wichtigsten Arbeiten in der Landwirtschaft. Oben sind die vier Jahreszeiten verzeichnet, in der linken Spalte die sechs wichtigsten landwirtschaftlichen Erzeugnisse. In den übrigen Feldern sind — der jeweiligen Anbauart und Jahreszeit entsprechend — die zugehörigen Tätigkeiten vermerkt. Zum Beispiel sät man die meisten Getreidearten im Frühjahr. (Trauben und Salat werden natürlich nicht im Sack geerntet; der Sack ist hier nur ein Symbol für Ernten.) An unserem Spiel können 2, 3 oder 4 Personen teilnehmen. Wir brauchen einen Würfel und die 24 Kärtchen, die wir aus dem letzten heraustrennbaren Blatt ausschneiden und unter die Spieler verteilen. Das Los entscheidet, wer anfängt. Der erste Spieler wählt nun an Hand der Kärtchen, die er bekommen hat, eine Jahreszeit aus. Dann würfelt er und sucht in der linken Spalte die der Punktzahl entsprechende Anbauart auf. Hat er das dazu passende Kärtchen, legt er es auf das Feld, das die Tätigkeit nennt, die zu Jahreszeit und Anbauart paßt. Hat er es nicht, ist der nächste an der Reihe.

Merke: 1. Bei jeder neuen Spielrunde darf man die Jahreszeit ändern. 2. Ist ein Feld schon mit einem Kärtchen besetzt, darf kein zweites darauf gelegt werden; der nächste kommt an die Reihe.

Wer zuerst alle Kärtchen untergebracht hat, ist Sieger.

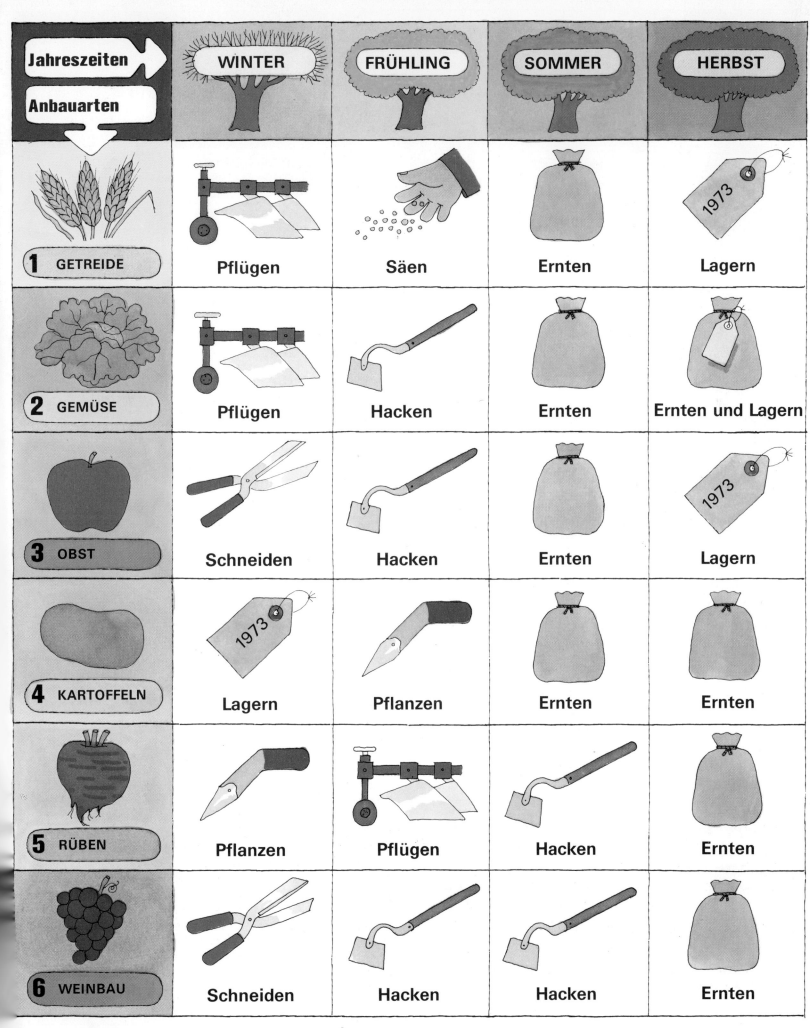

Jahreszeiten → Anbauarten ↓	WINTER	FRÜHLING	SOMMER	HERBST
1 GETREIDE	Pflügen	Säen	Ernten	Lagern
2 GEMÜSE	Pflügen	Hacken	Ernten	Ernten und Lagern
3 OBST	Schneiden	Hacken	Ernten	Lagern
4 KARTOFFELN	Lagern	Pflanzen	Ernten	Ernten
5 RÜBEN	Pflanzen	Pflügen	Hacken	Ernten
6 WEINBAU	Schneiden	Hacken	Hacken	Ernten

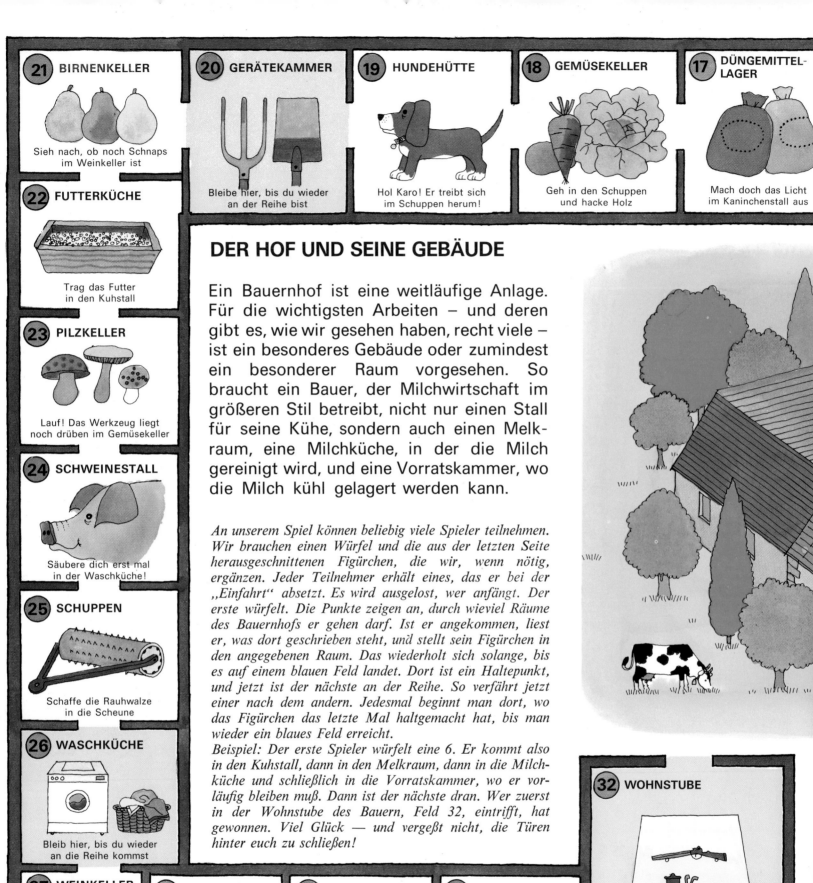

21 BIRNENKELLER

Sieh nach, ob noch Schnaps
im Weinkeller ist

20 GERÄTEKAMMER

Bleibe hier, bis du wieder
an der Reihe bist

19 HUNDEHÜTTE

Hol Karo! Er treibt sich
im Schuppen herum!

18 GEMÜSEKELLER

Geh in den Schuppen
und hacke Holz

17 DÜNGEMITTEL-LAGER

Mach doch das Licht
im Kaninchenstall aus

22 FUTTERKÜCHE

Trag das Futter
in den Kuhstall

23 PILZKELLER

Lauf! Das Werkzeug liegt
noch drüben im Gemüsekeller

24 SCHWEINESTALL

Säubere dich erst mal
in der Waschküche!

25 SCHUPPEN

Schaffe die Rauhwalze
in die Scheune

26 WASCHKÜCHE

Bleib hier, bis du wieder
an die Reihe kommst

DER HOF UND SEINE GEBÄUDE

Ein Bauernhof ist eine weitläufige Anlage. Für die wichtigsten Arbeiten – und deren gibt es, wie wir gesehen haben, recht viele – ist ein besonderes Gebäude oder zumindest ein besonderer Raum vorgesehen. So braucht ein Bauer, der Milchwirtschaft im größeren Stil betreibt, nicht nur einen Stall für seine Kühe, sondern auch einen Melkraum, eine Milchküche, in der die Milch gereinigt wird, und eine Vorratskammer, wo die Milch kühl gelagert werden kann.

An unserem Spiel können beliebig viele Spieler teilnehmen. Wir brauchen einen Würfel und die aus der letzten Seite herausgeschnittenen Figürchen, die wir, wenn nötig, ergänzen. Jeder Teilnehmer erhält eines, das er bei der „Einfahrt" absetzt. Es wird ausgelost, wer anfängt. Der erste würfelt. Die Punkte zeigen an, durch wieviel Räume des Bauernhofs er gehen darf. Ist er angekommen, liest er, was dort geschrieben steht, und stellt sein Figürchen in den angegebenen Raum. Das wiederholt sich solange, bis es auf einem blauen Feld landet. Dort ist ein Haltepunkt, und jetzt ist der nächste an der Reihe. So verfährt jetzt einer nach dem andern. Jedesmal beginnt man dort, wo das Figürchen das letzte Mal haltgemacht hat, bis man wieder ein blaues Feld erreicht.
Beispiel: Der erste Spieler würfelt eine 6. Er kommt also in den Kuhstall, dann in den Melkraum, dann in die Milchküche und schließlich in die Vorratskammer, wo er vorläufig bleiben muß. Dann ist der nächste dran. Wer zuerst in der Wohnstube des Bauern, Feld 32, eintrifft, hat gewonnen. Viel Glück — und vergeßt nicht, die Türen hinter euch zu schließen!

32 WOHNSTUBE

27 WEINKELLER

Du sollst schnell in den
Holzschuppen kommen!

28 HEIZRAUM

Geh in die Waschküche

29 TREIBSTOFF-LAGER

Tanke in der Garage
den Traktor auf

30 APFELKELLER

Stell einen Sack Äpfel
in den Gemüsekeller hinüber

31 GARAGE

Sieh mal nach,
der Hund bellt

Bravo!
Du hast gewonnen!

16 GEWÄCHS-HAUS

Hol den Düngersack aus dem Lager

15 PFERDESTALL

Trag das Zaumzeug in die Sattelkammer

14 VORRATS-KAMMER

Bleibe, bis du wieder dran bist

13 HÜHNER-STALL

Hole Körner vom Kornspeicher

12 KANINCHEN-STALL

Hol den Kehrbesen aus dem Pferdestall

11 SCHAFSTALL

Geh in die Futterküche und bereite die Fütterung vor

10 WERKSTATT

Bleibe hier, bis du wieder an die Reihe kommst

9 HOLZSCHUPPEN

Hol eine Axt aus der Gerätekammer

8 MELKRAUM

Fahr die Kannen in die Milchküche

7 MILCHKÜCHE

Stell die gereinigte Milch in die Vorratskammer

6 KUHSTALL

Führ die Kühe in den Melkraum

5 SATTELKAMMER

Bring den Sattel zum Reparieren in die Werkstatt

nfahrt

1 HEUBODEN

Bring Heu in den Pferdestall

2 SCHEUNE

Bring den Schafen Streu in ihren Stall

3 KORN-SPEICHER

Bleibe hier, bis du wieder an der Reihe bist

4 KELTER

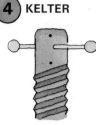

Geh in den nächsten Raum

7

Tim

Till

Fritz

Liese

Sepp

Paul

Onkel Jochen

Bärbel

Toni

Christian

8

Marie

Lene

Klaus

Xaver

DIE TIERE AUF DEM BAUERNHOF

Hans erzählt seinen Eltern, was er am letzten Donnerstag auf dem Hof von Onkel Jochen erlebt hat. Wenn ihr seinen Brief mit der Abbildung vergleicht, werdet ihr feststellen, daß Hans kein guter Beobachter ist. Überlegt mal: was kann nicht stimmen? (Die Lösung findet ihr auf S. 27.)

Liebe Eltern! Gestern bei Onkel Jochen war es lustig und interessant. Er kam gerade mit seinem blauen Traktor nach Hause, als Fritz die Ziege scherte. Der Pferch lag voll Baumwolle, und Max wurde davon fast zugedeckt. Die braunhaarige Liese, die eben eine Flasche unter dem Wasserhahn füllte, hätte sich beinahe alles Wasser über die Stiefel geschüttet. Mittlerweile schleppte Marie Tomaten für die Kaninchen herbei, die in ihrem mit roten Ziegeln bedeckten Hühnerstall saßen. Aber Grete hat alle Tomaten aufgegessen. Xaver war sehr mutig. Auf die Gefahr hin, seinen grünen Pullover schmutzig zu machen, verhinderte er, daß das Pferd in den Schafpferch einbrach, obwohl der Pferch von einem Eisengitter umgeben war. Am besten kam die weiße Ziege weg: erst beknabberte sie einen schwarzen Zylinder, dann fraß sie an einem blauen Halstuch. Nur das grüngestreifte Kleid war noch ganz. Viele liebe Grüße von Eurem Hans.

9

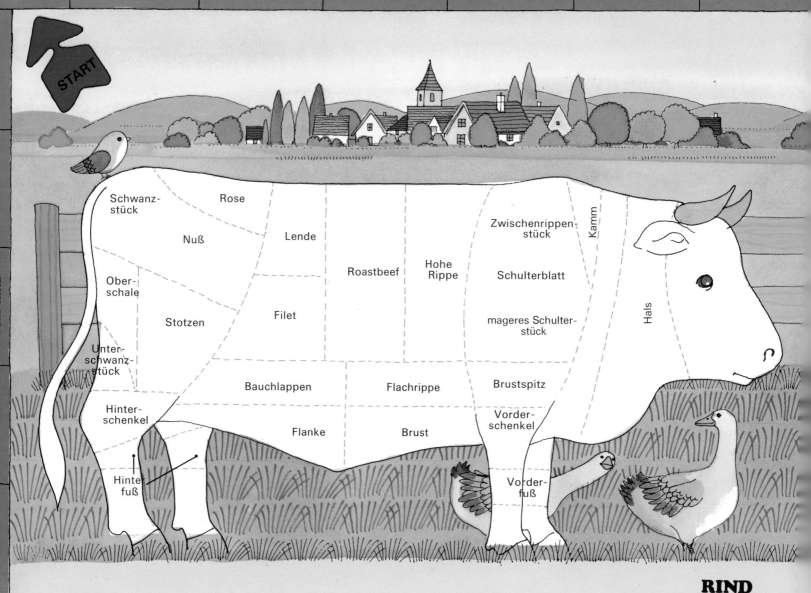

RIND

DAS FLEISCH VON RIND, SCHWEIN UND SCHAF

Wenn ihr schon einmal in einem Metzgerladen eingekauft habt, ist euch gewiß aufgefallen, was für schwierige Namen manche Fleischstücke haben, zum Beispiel Filet oder Kotelett. Oft weiß man nicht einmal, was diese Wörter bedeuten. Jeder Teil eines Tieres, ob er sich zum Kochen oder Braten eignet, hat eine bestimmte Bezeichnung. Eine Hammelkeule oder ein Hammelfilet sind ziemlich leicht zu unterscheiden, aber wißt ihr auch, welcher Teil beim Rind der Kamm oder die Nuß ist?

Für unser Spiel, an dem beliebig viele teilnehmen können, brauchen wir einen Würfel, eine Spielmarke (einen Knopf oder eine Münze) und ein Blatt Papier, auf dem wir die Punkte aufschreiben können. Das Los entscheidet, wer den Anfang macht. Der erste setzt nun die Spielmarke (die allen gehört) auf den mit „Start" bezeichneten Pfeil und würfelt. Dann rückt er damit in Pfeilrichtung die entsprechende Anzahl von Feldern vor und liest den Namen des Fleischstücks, der auf dem erreichten Feld steht. Nun bekommt er 5 Sekunden Bedenkzeit (die vom Mitspieler oder einem Schiedsrichter gezählt werden), um das Tier zu nennen, von dem das Fleisch stammt. Wenn er es weiß, hat er einen Punkt gewonnen. Wenn nicht, kommt der nächste an die Reihe und rückt mit der Marke weiter. Wer zuerst 20 Punkte beisammen hat, ist Sieger.

Left margin (top to bottom): KAMM · BRUSTSPITZ · SCHULTERBLATT VOM RIND · FLANKE VOM RIND · HAMMELHALS · ROSE · SCHULTERBLATT VOM SCHWEIN · SCHWANZSTÜCK

Bottom margin: OBERSCHALE · HAMMELRÜCKEN · SCHWEINEBAUCH · HAMMELFILET · SCHWEINE-KOTELETTS · HINTERFUSS · LENDE

SCHWEIN

Speck

Rückgrat

Schulter-blatt

Kote-letts

Mittel-filet

Spitzfilet

Querstück

Vorder-schinken

Schinken

Bauch

Rüssel

Eisbein

Rücken

Hals

Karree

Filet

Kote-letts

Schulter

Keule

Flanke

HAMMEL

ROASTBEEF

EISBEIN

VORDERFUSS

SPITZFILET

HAMMEL-KOTELETTS

FLANKE VOM SCHAF

UNTER-SCHWANZSTÜCK

MAGERES SCHULTERSTÜCK

Taube

Täuberich

Täubchen

Pute

Fasanenhenne

Fasan

Putenküken

Fasanenküken

Gänschen

Gans

Ente

Gänserich

Entchen

Henne

Küken

Enterich

12

DAS LIEBE FEDERVIEH

Wie viele andere Tierarten, leben auch die Bewohner des Geflügelhofes meist in Familien zusammen. Wenn ihr sie besucht und ihnen ein paar Körner mitbringt, kommen sie bestimmt gleich von allen Seiten herbeigeeilt.

Wir spielen zu zweit oder dritt. Dazu schneiden wir die 18 Tierarten auf der letzten Seite aus. Sie zeigen je drei Mitglieder von 6 Familien: Enterich, Ente und Entchen, Gänserich und Gans und Gänschen und so fort. Die Spielkarten werden gleichmäßig verteilt: Bei 2 Spielern erhält jeder 3 Familien, bei 3 Spielern erhält jeder 2. Jeder Spieler setzt dann sein Geflügel auf das grüne Spielbrett, und zwar jeweils auf das Feld mit dem entsprechenden Namen. Das ist die Ausgangsposition. Ziel des Spiels ist es, Zug um Zug die Mitglieder einer jeden Familie zusammenzubringen. Eine Familie gilt als vereinigt, wenn sich die durch ihre Mitglieder besetzten Felder zwei zu zwei auf einer Seite berühren. Zum Beispiel so: ▭▭▭ (waagerecht oder senkrecht), oder so: ⊞ (ums Eck). Wenn sich allerdings die Felder nur an den Ecken berühren, gilt die Familie nicht als vereinigt. Das Los entscheidet, wer anfängt.
Merke: 1. Jeder darf immer nur mit einem Vogel (nach Wahl) um ein Feld vorrücken. 2. Man kann sowohl in senkrechter wie waagerechter Richtung vorgehen, niemals aber schräg. 3. Man darf nur auf ein unbesetztes Feld rücken.
Wer zuerst alle seine Tierfamilien in Dreiergruppen beisammen hat, ist Sieger.

	Enterich	**Fasanenhenne**		**Täubchen**
Täuberich	**Puter**		**Gänserich**	**Pute**
	Hahn	**Ente**	**Henne**	
Fasanenküken		**Fasan**	**Gänschen**	**Entchen**
Taube	**Gans**	**Küken**		**Putenküken**

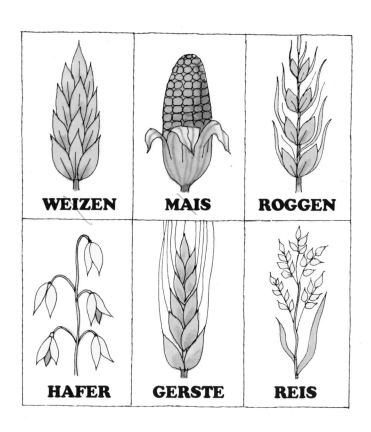

WEIZEN	**MAIS**	**ROGGEN**
HAFER	**GERSTE**	**REIS**

DIE GETREIDEARTEN

Das war ein Vergnügen, als Onkel Jochen letzten Freitag die Kinder bat, auf dem Getreideboden Ordnung zu schaffen. Die Jugend aus der ganzen Nachbarschaft kam herbei. Jede Getreideart sollte auf einen Haufen geschichtet werden: der Weizen zum Weizen, der Hafer zum Hafer, der Mais zum Mais; das gleiche sollte natürlich mit Roggen, Reis und Gerste geschehen. Alles ging gut, bis die Jungen auf die Idee kamen, einen Aufzug zu verwenden, um sich damit die Arbeit zu erleichtern. Wirklich, ein glänzender Einfall! Als aber Onkel Jochen das Unternehmen entdeckte, meinte er, jetzt reiche es ihm, denn es waren ungefähr so viele Körner auf dem Boden wie in den Säcken.

Wir spielen: Onkel Jochens junge Helfer sind eifrig an der Arbeit. Es sind ihrer viele, und es sind auch viele Säcke. Auf jedem Sack ist die Getreidesorte abgebildet, die er enthält. Die Tafel oben zeigt die verschiedenen Arten, mit dem jeweiligen Namen darunter. Wir wissen, daß ein Sack 10 kg wiegt, und versuchen nun herauszukommen,
1. wieviel Säcke es sind,
2. was sie alle zusammen wiegen, und
3. was jede Getreideart für sich genommen wiegt.

ZWIEBEL (Zwiebel)

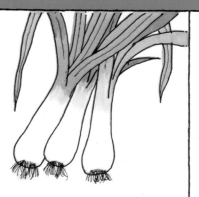

LAUCH (Sprosse)

TOMATE (Frucht)

SCHWARZWURZELN (Wurzeln)

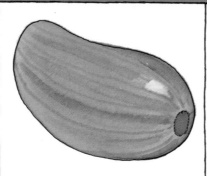

ZUCCHINI (Frucht)

LINSEN (Samen)

SPARGEL (Sprosse)

ALLERLEI GEMÜSE

A KNOLLEN: ZUM STARTPLATZ ZURÜCK!

B ZWIEBELN: STEHEN BLEIBEN!

C SAMEN: UM 2 FELDER ZURÜCK!

D SPROSSE UND STENGEL: UM 1 FELD ZURÜCK!

E WURZELN UND RÜBEN: UM 2 FELDER VORRÜCKEN!

F FRÜCHTE: UM 1 FELD VORRÜCKEN!

PFEFFERGURKEN (Früchte)

KOHLRÜBE (Rübe)

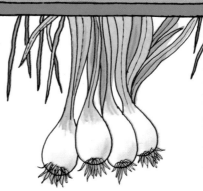

SCHNITTLAUCH (Stengel)

KNOBLAUCH (Zwiebel)

16

ZUCKERRÜBE (Rübe)

KARTOFFELN (Knollen)

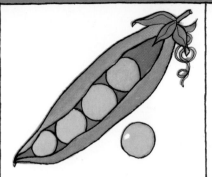

JUNGE ERBSEN (Samen)

AUBERGINE (Frucht)

Was mögt ihr lieber? Eine Frucht oder eine Wurzel? Beide können köstlich schmecken. Sicher fällt es euch schwer, zwischen Karotten und Radieschen zu wählen. Beides sind Rüben. Aber es gibt noch andere Arten von Gemüse: Zwiebeln, Knollen, Wurzeln, Samen, Früchte, Sprosse und Stengel.

Die Anzahl der Mitspieler ist beliebig groß. Jeder Spieler bekommt einen kleinen Einkaufskorb, den er am Startplatz bereitstellt. Außerdem brauchen wir einen Würfel. Nachdem ausgelost worden ist, wer anfangen darf, würfelt der erste und rückt mit seinem Körbchen so viele Felder vor, wie die erwürfelten Punkte ergeben. Nun merkt er sich den Namen, der unter dem Bild auf dem erreichten Feld steht, und sucht auf der Übersicht (S. 16 Mitte) die entsprechende Gemüseart aus (Zwiebeln, Knollen usw). Hinter dem Namen der Gemüseart ist vermerkt, was er zu tun hat. Beispiel: Der erste Spieler würfelt eine 4. Er rückt seinen Korb um 4 Felder weiter, bis zu „Zuckerrübe". Nun schaut er auf der Liste nach, wo hinter „Rüben und Wurzeln" angegeben ist, was er zu tun hat: nämlich 2 Felder vor- rücken. Er stellt sein Körbchen auf das Feld „Junge Erbsen". Dann ist der nächste an der Reihe. Merke: Man darf das Körbchen eines Mitspielers über- holen und mehrere Körbe auf demselben Feld abstellen. Wer eine 6 wirft, darf jedoch nicht noch einmal würfeln. Wer als erster das „Ziel" erreicht, hat gewonnen.

RADIESCHEN (Rüben)

GURKE (Frucht)

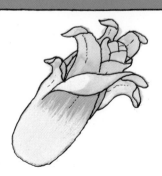

CHICORÉE (Sproß)

KÜRBIS (Frucht)

KAROTTEN (Rüben)

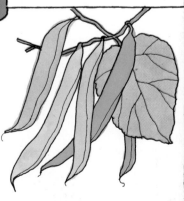

BOHNEN (Samen)

VON DER TRAUBE ZUM WEIN

Ein weiter Weg führt von den reifen Trauben am Rebstock zu dem Glas Wein auf dem gedeckten Tisch.

Wir spielen: Die wichtigsten Stationen dieses langen Weges sind in einer Reihe von Bildern festgehalten. Aber nur das erste und das letzte Bild befindet sich am richtigen Platz. Alle anderen sind durcheinander geraten. Welches ist wohl die richtige Reihenfolge?

A Die Trauben reifen an sonnigen Hängen.

B Bald füllen die Früchte große Körbe.

F In großen Kellern wird der Wein kühl und dunkel gelagert.

G Das Weinfaß wird angestochen, der Wein in Flaschen gefüllt.

H In der Weinpresse werden die Trauben zerquetscht.

L Der Tisch ist gedeckt; die Gläser werden gefüllt.

M Jede Flasche wird mit einem Korken verschlossen.

N Der neue Wein muß einige Zeit ruhen.

C Die Weinkisten werden in die Stadt transportiert. *12*

D In gewaltigen Mengen werden die Trauben in die Weinpresse, die man Kelter nennt, geschüttet.

E Plob! Der Korken verläßt sein Gefängnis, den Flaschenhals.

I Frau Müller macht ihre Einkäufe, darunter ist auch eine Flasche Wein.

J Der Saft der Beeren wird in Fässer gefüllt. Daraus entsteht der künftige Wein.

K Klick! Mit der Schere trennt der Winzer die Trauben vom Weinstock.

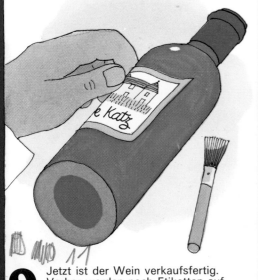
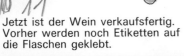

O Jetzt ist der Wein verkaufsfertig. Vorher werden noch Etiketten auf die Flaschen geklebt.

P Nun wird der Wein in einem Laden ausgestellt. *13*

Q Hmmm... Welch köstlicher Tropfen nach einer langen Reise!

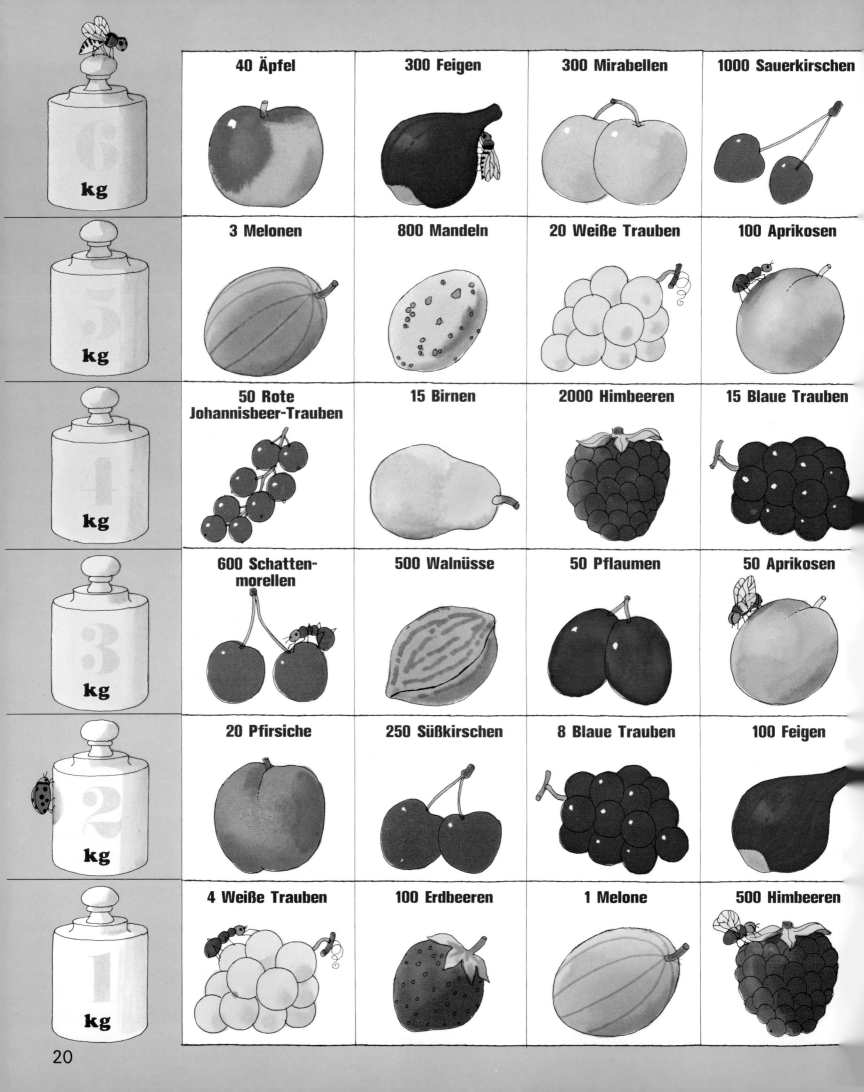

6 kg	40 Äpfel	300 Feigen	300 Mirabellen	1000 Sauerkirschen
5 kg	3 Melonen	800 Mandeln	20 Weiße Trauben	100 Aprikosen
4 kg	50 Rote Johannisbeer-Trauben	15 Birnen	2000 Himbeeren	15 Blaue Trauben
3 kg	600 Schatten-morellen	500 Walnüsse	50 Pflaumen	50 Aprikosen
2 kg	20 Pfirsiche	250 Süßkirschen	8 Blaue Trauben	100 Feigen
1 kg	4 Weiße Trauben	100 Erdbeeren	1 Melone	500 Himbeeren

600 Erdbeeren	**1000 Mandeln**
800 Walnüsse	**20 Birnen**
30 Äpfel	**500 Süßkirschen**
500 Sauerkirschen	**150 Mirabellen**
25 Rote Johannisbeer-Trauben	**30 Pflaumen**
10 Pfirsiche	**200 Schattenmorellen**

DAS OBST, DAS ONKEL JOCHEN ANBAUT

Bei unserem Spiel handelt es sich darum, die größte Anzahl Früchte zu sammeln, unabhängig von ihrem Gewicht. Man kann zu zweit, zu dritt oder zu viert spielen. Dazu brauchen wir einen Würfel sowie Papier und Bleistift, um die Punkte zu notieren. Wir nehmen die Körbchen, die aus der letzten Seite herausgeschnitten sind (es sind dieselben wie für das Gemüse-Spiel), und geben jedem Mitspieler eines, das er — nach Wahl — auf eines der 4 Eckfelder unseres Spieles stellt. Der Spieler, den das Los bestimmt hat, würfelt. Die Zahl der geworfenen Punkte gibt die kg-Reihe an, aus der er seine Früchte holen darf. Dabei spielt die Anzahl der zu überquerenden Felder keine Rolle; der Spieler kann sich waagerecht, senkrecht oder diagonal fortbewegen. Wenn sich ihm mehrere Möglichkeiten bieten, wählt er das Feld, das ihm die meisten Früchte einbringt. Auf dieses Feld setzt er seinen Korb und schreibt für sich die gewonnene Punktzahl auf, die aus der Übersicht im Kästchen unten zu ersehen ist. Die folgenden Spieler machen es ebenso.

Merke: 1. Bereits besetzte Felder dürfen weder überquert, noch mit einem weiteren Korb belegt werden. 2. Wenn man kein Feld mit der erwürfelten Gewichtsangabe einnehmen kann, bleibe man, wo man ist. Ein Spieler, der auf einem 4 kg-Feld steht und der ein zweites Mal die 4 würfelt, muß seinen Korb weiterrücken. Ist sein Weg versperrt, muß er passen, — ohne Punktgewinn.

Wer zuerst 500 Punkte beisammen hat (oder mehr, je nachdem, auf welche Grenze man sich geeinigt hat), ist Sieger.

1 - 10 Früchte geben 1 Punkt	*501 - 1000 Früchte geben 4 Punkte*
11 - 50 Früchte geben 2 Punkte	*1001 - 2000 Früchte geben 5 Punkte*
51 - 500 Früchte geben 3 Punkte	

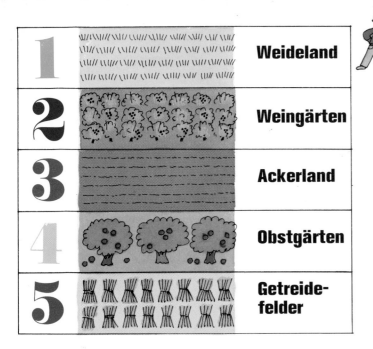

1	Weideland
2	Weingärten
3	Ackerland
4	Obstgärten
5	Getreide-felder

STARTPLATZ

DURCH FELD, WALD UND WIESEN

Der Bauernhof liegt, soweit das Auge reicht, zwischen angebautem Land. Nur der Wald, der Fluß und ein paar Wege (die wir von hier aus nicht sehen können) bilden Unterbrechungen. Felder gibt es in mancherlei Formen und Größen; auch die Farben sind verschieden, je nachdem, was darauf wächst. Wir ziehen mal los und schauen uns alles aus der Nähe an. Aber Sandalen sind nicht das richtige, zieht euch lieber feste Schuhe an! Seid ihr soweit?

Bei unserem Spiel geht es darum, durch die Felder zu dem Haus zu gelangen, das dem Start schräg gegenüber liegt. Beliebig viele Spieler können daran teilnehmen. Wir brauchen einen Würfel und je Spieler ein Kärtchen (wir kennen sie schon vom Spiel S. 6 und ergänzen sie notfalls). Unter dem kleinen Jungen zwischen die beiden Pfeile setzen wir unsere Figürchen auf den Startplatz. Dann entscheidet das Los, wer anfangen darf. Wer an der Reihe ist, würfelt und stellt an Hand der Zahlentafel oben links fest, durch was für Gelände er wandern soll. Zum Beispiel: Bei 5 hat er sich auf ein Getreidefeld zu begeben. Beim nächsten Würfeln darf er nur auf ein angrenzendes Feld gehen, bzw. auf ein Feld, das durch eine Brücke mit seinem Feld verbunden ist.
Merke: 1. Zu Beginn des Spiels muß man eine 1 würfeln, um überhaupt auf das Start-Feld zu kommen. 2. Würfelt man eine 6, so geht man auf das Feld seiner Wahl; allerdings muß es direkt an das bisherige angrenzen. 3. Auf einem Feld dürfen sich mehrere Spieler herumtreiben, aber es ist verboten, den Fluß ohne Brücke zu überqueren. 4. Auch wenn man dabei rückwärtsgeht, muß man sein Kärtchen auf das durch die Würfelzahl vorgeschriebene Feld schieben (man darf nicht bleiben, wo man ist).
Wer als erster auf der Wiese vor dem Haus angekommen ist, hat gewonnen — und hoffentlich habt ihr euch Mühe gegeben, die Felder und Wiesen nicht zu zertrampeln sondern vorsichtig außen herum zu gehen!

START

Fleischpastete V

Edamer V

Rostbraten V

Whisky K

Kartoffelchips G

Spaghett

Lederschuh V

Joghurt V

Mehl K

Hammelkeule V

Karamelbonbon G

Apfelmus O

Weißwein O

Sahnekäse V

Strohhut K

Blutwurst V

Kartoffelpü G

KORN

VIEH

OBST

GEMÜSE

RATET, WOHER ICH KOMME

Habt ihr euch beim Einkaufen einmal überlegt, woher all die guten und nützlichen Dinge stammen, die wir nach Hause tragen? Einige davon sind auf der Spielbahn hier abgebildet. Sie kommen alle aus einem der landwirtschaftlichen Erzeugungsbereiche, die ihr in dem in vier Stücke geteilten Kreis seht. In unserem Spiel geht es darum, jede Ware dem richtigen Erzeugungsbereich zuzuordnen. Es können beliebig viele Spieler teilnehmen. Außer Bleistift und Papier zum Aufschreiben der Punkte brauchen wir einen Würfel und zwei Spielsteine (Münze oder Knöpfe oder Kärtchen von einem anderen Spiel). Zunächst setzen wir einen Stein auf das Feld Saft. Er wird nachher in Pfeilrichtung weitergerückt. Der zweite Spielstein wird (nach Wahl) auf eines der vier Felder im Kreis gesetzt. Auch dieser Spielstein hat sich in Pfeilrichtung von einem Feld ins nächste zu bewegen. Nachdem der erste Spieler bestimmt ist, würfelt er und rückt dann die beiden Spielsteine auf ihrer jeweiligen Bahn um so viele Felder vor, wie die erwürfelte Zahl anzeigt.
Zum Beispiel: Hat der erste Spieler eine 5 gewürfelt, rückt er den ersten Stein bis zum Feld Marmelade, den zweiten (Startfeld Gemüse) rückt er ebenfalls um 5 Felder vor und landet im Feld Obst. Da Marmelade aus Obst hergestellt wird, darf sich der Spieler 1 Punkt gutschreiben. Wäre er woanders gelandet, hätte er keinen Punkt gewonnen.
Merke: 1. Die Spielsteine rücken stets von dem Feld aus vor, auf dem sie der vorhergehende Spieler abgesetzt hat. 2. Wer eine 6 würfelt oder 1 Punkt gewonnen hat, darf noch einmal spielen. 3. In jedem Feld der äußeren Spielbahn ist ein Buchstabe, der das Erzeugnis anzeigt:
G = Gemüse, K = Korn, O = Obst, V = Vieh. Wer als erster 10 Punkte beisammen hat, ist Sieger.

25

DAS MODERNE ARBEITSTIER DES BAUERN, DER TRAKTOR

① Zerkleinern der Erdklumpen
② Wenden und Lockern des Bodens
③ Erde ausheben für Bäume oder Pfosten
④ Säen
⑤ Heben und Fortbewegen
⑥ Düngen
⑦ Schneiden von Getreide oder Gras
⑧ Ebnen und Festdrücken des Bodens

Zum Schluß müssen wir uns noch eine Sache genauer ansehen, die Jungen und Mädchen besonders viel Spaß macht: Onkel Jochens Traktor. Dieses moderne Zugpferd wird, je nachdem, was für eine Arbeit gerade getan werden muß, vor die dazu nötigen Maschinen und Geräte gespannt, und die Kinder staunen, wie flink und gleichmäßig nun alles vonstatten geht: das Pflügen, Eggen oder Düngen...

Wir spielen: Bei den acht oben aufgeführten Arbeitsgängen wird jeweils eines der unten abgebildeten Geräte verwendet. Wißt Ihr, was zusammen gehört? Wenn nicht, raten wir einfach einmal — und vergleichen mit der richtigen Lösung auf S. 27.

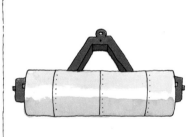

Ackerwalze

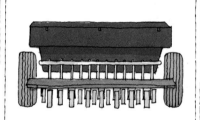

Sämaschine

Egge

Pflug

Düngerfaß

Mähmaschine

Erdbohrer

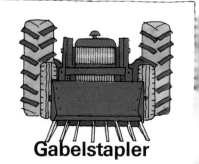

Gabelstapler

WER HAT'S NICHT ERRATEN?

ZUM SPIEL AUF SEITE 9

Im Brief von Hans kommen 25 Fehler vor. Eigentlich müßte er so lauten : „ Liebe Eltern ! Gestern bei Onkel Jochen war es lustig und interessant. Er kam gerade mit seinem roten (1) Traktor nach Hause, als Toni (2) die Schafe (3) scherte. Der Pferch lag voll Schafwolle (4) und Christian (5) wurde davon fast zugedeckt. Die blonde (6) Liese, die eben Wasser aus dem Brunnen (7) schöpfte, hätte sich den Eimer (8), den sie in der Hand hielt, beinahe über die Schuhe (9) geschüttet. Mittlerweile schleppte Marie Karotten (10) für die Kaninchen herbei, die in ihrem mit blauem (11) Schiefer (12) bedeckten Kaninchenstall (13) saßen. Aber Lene (14) hat alle Karotten aufgegessen. Xaver war sehr mutig. Auf die Gefahr hin, seinen hellroten (15) Pullover schmutzig zu machen, verhinderte er, daß der Esel (16) in den Schafpferch einbrach, obwohl der Pferch von einem Bretterzaun (17) umgeben war. Am besten kam die braune (18) Ziege weg : erst beknabberte sie einen gelben (19) Strohhut (20), dann fraß sie eine rotgestreifte (21) Krawatte (22). Nur das rote (23) Kleid mit violetten (24) Tupfen (25) war noch ganz. Viele liebe Grüße von Eurem Hans. ''

ZUM SPIEL AUF SEITE 13

Wir fassen die verschiedenen Bewohner des Geflügelhofes nach Familien zusammen :

der Enterich, die Ente, das Entchen
der Gänserich, die Gans, das Gänschen
der Puter, die Pute, das Putenküken
der Hahn, die Henne, das Küken
der Fasan, die Fasanenhenne, das Fasanenküken
der Täuberich, die Taube, das Täubchen

ZUM SPIEL AUF SEITE 14

Wir haben 50 Säcke voll Getreide in der Scheune, die insgesamt 500 kg wiegen, denn jeder Sack wiegt 10 kg. Nun gilt es, die Anzahl der Säcke und das Gewicht einer jeden Getreideart festzustellen. Es sind

9 Sack Weizen, also 9×10 kg $= 90$ kg
12 Sack Mais, also 12×10 kg $= 120$ kg

6 Sack Roggen, also 6×10 kg $= 60$ kg
9 Sack Hafer, also 9×10 kg $= 90$ kg
8 Sack Gerste, also 8×10 kg $= 80$ kg
6 Sack Reis, also 6×10 kg $= 60$ kg
Das ergibt insgesamt 500 kg Getreide.

ZUM SPIEL AUF SEITE 18

Die richtige Reihenfolge der Bilder lautet :
A K B D H J N G M F O C P I E L Q

ZUM SPIEL AUF SEITE 25

Die verschiedenen Waren stammen aus folgenden Erzeugungsbereichen :
Gemüseanbau : Kartoffelchips, Pommes frites, Kartoffelpüree, Würfelzucker, Karamelbonbons, Zuckerstange (aus Zuckerrüben) ;
Getreideanbau (= Korn) : Whisky (aus Gerste), Spaghetti, Makkaroni, Zwieback (aus Weizen), Brot, Mehl, Strohhut (aus verschiedenen Getreidearten) ;
Obstanbau : Apfelmus (aus Äpfeln), Saft (Obst verschiedener Art), Kognak, Sekt, Rot- und Weißwein (aus Trauben), Marmelade (aus verschiedenen Früchten) ;
Viehzucht : Fleischwurst, Blutwurst, Schinken, Fleischpastete, Hammelkeule, Rostbraten (von verschiedenen Tieren), Milch, Butter, Joghurt, Sahnekäse, Edamer (besonders von Kühen), Schmalz, Wolle (von Schafen), Schuhe (aus Leder von verschiedenen Tieren).

ZUM SPIEL AUF SEITE 26

Zu den verschiedenen Arbeiten in der Landwirtschaft braucht der Bauer folgende Maschinen und Geräte :
1. Zum Zerkleinern der Erdklumpen : die Egge
2. Zum Wenden und Lockern des Bodens : den Pflug
3. Zum Erde ausheben für Bäume oder Pfosten : den Erdbohrer
4. Zum Säen : die Sämaschine
5. Zum Heben und Fortbewegen von Lasten : den Gabelstapler
6. Zum Düngen : das Düngerfaß
7. Zum Schneiden von Getreide oder Gras : die Mähmaschine
8. Zum Ebnen und Festdrücken des Bodens : die Ackerwalze